AF339001

ACADÉMIE ROYALE DE MUSIQUE,

Dans la nouvelle *Salle du Palais Royal.*

A PARIS,

Chez la Veuve DUCHESNE, Libraire,
rue Saint-Jacques, au-deſſous de la Fontaine
Saint-Benoît, au Temple du Goût.

M. DCC. LXX.

ÉTAT ACTUEL

DE L'ACADÉMIE ROYALE

DE MUSIQUE,

Dans la nouvelle Salle du Palais Royal.

EXTRAIT DU CALENDRIER

DES THÉATRES DE PARIS.

DESCRIPTION

Abrégée de la nouvelle Salle de l'Académie Royale de Musique.

LA nouvelle Salle de l'Opéra est construite par M. Moreau, Architecte du Roi ; la Façade est d'un très-beau simple : les Sculptures & les Ornemens, qui font l'ouvrage de M. Vassé, caractérisent l'Edifice.

L'Entrée de la Salle est indiquée par une Gallerie extérieure, où conduisent sept portiques égaux : cette Gallerie tourne autour de la Salle, & fournit quantité d'issues commodes. On entre par trois portes dans un Vestibule intérieur orné de Colonnes Doriques de maniere Grecque. Deux grands Escaliers, construits l'un à droite & l'autre à gauche, communiquent aux Loges. Deux autres moins élevés conduisent au Parterre.

L'ouverture de la Scène à 36 pieds de largeur & 32 de hauteur, proportion qui rapproche bien le fond du Théâtre de l'Avant-fcène, & qui met plus d'égalité dans la fituation du fpectateur.

Le Plan intérieur de la Salle eft d'une forme arrondie & le plafond fait un bel oval : il eft rempli par un grand Tableau repréfentant les Mufes & les Talens Lyriques, que le Génie des Arts a raffemblés. Apollon, porté fur un char enflammé, fait fuir l'Ignorance & l'Envie. L'Avant-fcène eft décorée de quatre Colonnes d'une compofition élégante & riche, les cannelures en font à jour : on a ménagé dans leur intérieur des places très-commodes pour ceux qui veulent voir le Spectacle fans être vûs.

L'Entablement, qui regne au-deffus, eft interrompu par un grouppe compofé d'une Renommée qui foutient un globe d'azur femé de fleurs-de-lys, & d'enfans qui forment une chaîne avec des guirlandes. Cette compofition eft de M. Vaffé.

Il y a dans la Salle quatre rangs de Loges : elle n'a pas cependant trop d'élévation; elle peut contenir deux mille cinq cents fpectateurs.

L'habile Artifte, voulant profiter de tout ce que le local rendoit poffible, a donné à l'ouverture de l'Avant-fcène fix pieds de large de plus que n'a celle des Tuileries. Toutes les places font également diftantes de la Scène, & il y en aura peu d'où l'on ne voye le Spectacle entier. Les moyens les plus propres à conferver & à tranf-mettre les fons, y ont été employés. La Salle eft toute auffi fonore qu'on le peut defirer. Le méchanifme des conf-tructions a été étudié avec foin dans cet Edifice ; on a fupprimé les poteaux, qui divifent ordinairement & gê-nent les Loges. Les Charpentes font exécutées dans le fyftême des meilleures conftructions de ce genre que M. Moreau a vûes en Italie, où il en a puifé le modèle.

On n'a point négligé les commodités publiques ; le foyer eft une Gallerie de 60 pieds de longueur, percé de cinq croifées qui ont vûe fur la rue Saint-Honoré par un balcon de fer enrichi de bronze de près de cent pieds de longueur, & d'un deffin très-élégant. Ce foyer, revêtu

de menuiferie dans tout fon pour-tour, avec une che-
minée de marbre à chaque bout, eft encore orné d'une
très-belle corniche, de glaces, de fculptures, & de trois
buftes de marbre de la main de M. Caffiéri, repréfentants
Quinault, Lulli & Rameau : on devoit cet hommage à la
mémoire de ces trois grands hommes.

Les Loges des Acteurs, qui font nombreufes, font toutes
voûtées en brique, & plufieurs efcaliers font en pierre.

La Salle pour le Bal eft toute prête ; une Machine d'une
ftructure ingénieufe & nouvelle met le Parterre au ni-
veau du Théâtre, ce qui forme un Sallon octogone de
45 pieds de diamètre & magnifiquement décoré de Colonnes, de ftatues, de dorures, de glaces, &c.

DIRECTEURS.

MESSIEURS {

BERTON, Maître de la Mufique du Roi, *rue S. Ni-caife, à l'Académie.*

TRIAL, Directeur de la Mufique de S. A. S. Monfei-gneur le Prince de Conti, *rue S. Nicaife, à l'Académie.*

D'AUVERGNE, Surinten-dant de la Mufique du Roi, *Rue & Porte S.-Honoré.*

JOLIVEAU, *rue Coquéron, la porte cochere attenant celle du Notaire.*

M. *DE LA SALLE*, *Secrétaire perpétuel de l'Académie, breveté du Roi.*

MAITRE DE CHANT.

M. Levasseur, *rue Ste.-Anne.*

MAITRES DE MUSIQUE.

MESSIEURS.

Feret, *premier maître, rue S. Nicaise.*
Laurent, *second Maître, rue de la Sourdiere.*

ACTEURS
CHANTANS SEULS.

BASSES-TAILLES.
MESSIEURS.

Gelin.
Larrivée.
Durand.
Cassaignade.
De la Suse.
Peré.

HAUTES-CONTRES.
MESSIEURS.

Pillot.
Legros.
Muguet.
Tirot.
Cavallier.
Peyre.

ACTRICES

CHANTANTES SEULES.

MESDEMOISELLES.

Dubois.
Larrivée.
Arnould.
Rivier.
Duplant.
Beaumefnil.
Rofalie.
Reich.
Duranci.
Dupuis.
Beſſe.
Garrus.
Chateauneuf.
Floquet.
D'Hauterive.
D'Ailli.

Acteurs & Actrices chantans dans les Chœurs.

Côté du Roi.	*Côté de la Reine.*
MESSIEURS.	
Hery.	L'Ecuyer.
Cailteau.	Albert.
Candeille.	Tourcaty.
Vanhecke.	Pâris.
Vatelin.	Lagier.

Beghain.	Ghuillot.
Larssure.	Capoi.
Fradelle.	Rey.
Martin.	Boy.
Robin.	Laurent.
Méon.	Huet.
Botson.	Itasse.
Cleret.	Parant.
Tacusset.	Baillion.
Royer.	Cazal.
	Jalaguier.

MESDEMOISELLES.

Durand.	Hebert.
Guillaume.	Dagée.
Fontenet.	Jouette.
Le Bourgeois.	Des Rosieres.
Veron.	Delor.
L'Etienne.	Chenais.
Renard.	Le Queux.
Girardin.	Fabri.
D'Avantois.	Denis.
Beauvernier.	Heri.
	Hortense.

DANSE.

MAITRE DE L'ÉCOLE DE DANSE.

M. Hyacinte, *rue de Bourbon, à la Ville-Neuve.*

ACCOMPAGNATEURS DE CLAVECIN

pour l'École de Chant,

Des Préaux, *rue des Prouvaires.*
Simoneau, *Accordeur de Clavecin, rue Neuve-S.-Landri.*

MAITRE ET COMPOSITEUR DES BALLETS.

M. Lany, *rue Saint-Thomas du Louvre.*
M. Veſtris, *en ſurvivance, rue S.-Honoré.*

DANSEURS SEULS.

MESSIEURS.

Lany.
Veſtris.
Gardel.
Dauberval.

DANSEURS DOUBLANS.

MESSIEURS.

Rogier.	Deſpréaux.
Leger.	Delaiſtre.
Malter.	Dupré.

DANSEURS FIGURANS.

MESSIEURS.

Trupti.	Gallet.
Dubois.	Allix.
Doſſion.	Pierſon.
Lieſſe.	Aubri.
Lany, *cadet.*	Martinet.

Granier.
Giguer.
Gardel, *cadet.*
Larue.
Caſter.
Beaulieu.

Balderoni.
Fay.
Duchefne.
Hennequin, *l'aîné.*
Hennequin, *cadet.*

SURNUMÉRAIRES,
MESSIEURS.

Abraham.
Huart.
Des Bordes.
Dangui.

Leroi, *l'aîné.*
Leroi, *cadet.*
Henri.
Dupré.

DANSEUSES SEULES.
MESDEMOISELLES.

Allard.
Guimard.
Peflin.
Pitrot.
Mion.
Heinel.
Affelin.

DANSEUSES DOUBLANTES.
MESDEMOISELLES.

Duperey.
Dervieux.

Audinot.
Louifon.

DANSEUSES FIGURANTES.
MESDEMOISELLES.

Demiré.
Gaudot.

Leclerc.
Ifoire.

Grandi.	Blondeval.
Vernier.	Teſtard,
Mercier,	Gillſenan.
Leroi.	Lhuillier.
Dauvilliers.	La Chaſſagne.
Lafond.	Auberte,
Delſevre.	Adeline.
Hidou.	Roſette.

SURNUMÉRAIRES.

MESDEMOISELLES.

Delorme.	Murès.
Le Houx.	Jonveau.
Delaunay.	Montauban.
Villette.	Granier.
Tacite.	Le Bel.
Buart.	Dumeſnil.
Thévenet.	Fontbel.
Ducheſnoir.	Perſeval.

ORCHESTRE.

MAITRE DE MUSIQUE.

M. Francœur, *rue Neuve-ſaint-Euſtache.*

CLAVECIN.

M. Parant, *Enclos des Quinze-Vingts.*

VIOLONS.

MESSIEURS.

Aubert.	Lebouteux,
Caraffe, *l'aîné.*	Debar.

Dupons.	D'Esclaux.
Despréaux, *l'aîné*.	Lemaire.
Perrier.	Bornet, *cadet*.
Tarade.	Rollot.
Dun.	Bounet.
Bornet, *l'aîné*.	Imbaut.
Granier.	Fournier.
Canavas.	Bonneau.
Jacob.	Pâris.
Guenin.	

SURNUMÉRAIRES.

MESSIEURS.

Boulanger.	Allard.
Michaud.	Rose.
Noel Noirmans.	

BASSES DU PETIT CHŒUR.

MESSIEURS.

Giraud.	Nochez.

BASSES DU GRAND CHŒUR.

MESSIEURS.

Labbé.	Cupis, *l'aîné*.
Saublai.	Cupis, *cadet*.
Desplanques.	Tilliere.
Hivart.	Renaudet.
Rey.	Salentin, *l'aîné*.

CONTRE-BASSES.

MESSIEURS.

Hanot.	Léemans.
Moreau.	Louis.

QUINTES.

MESSIEURS.

Vibert.	Despréaux, *cad.*
Mongautier.	Coupeaux.
Scarhff.	

FLUTES ET HAUTBOIS,

MESSIEURS.

Salentin, *cad.*	Pillet.
Bureau.	Dubois.
Rault.	Garnier, *neveu.*
Pailliou.	

BASSONS.

MESSIEURS.

Brunel.	Richard.
Bralle.	Lemarchand.
Dard.	Garnier.
Cugnier.	Félix.

TIMBALES.

M. Caraffe, *l'aîné.*

TROMPETTE.

M. Caraffe, *cadet.*

CORPS-DE-CHASSE.

M. Mozet.	M. Louis.
M. Sieber.	

TAMBOURIN.

M. Lemarchand.

COPISTES DE MUSIQUE.

M. Durand.
M. Despetitschamps.
M. Beillon.

Préposés, Contrôleurs, Commis & Employés.

M E S S I E U R S.

Bourbon, *Garde-magasin général, & chargé de la Caisse, à l'Académie.*

Girault, *Préposé à la conduite des Machines & Décorations, à l'Estrapade.*

Boquet, *Entrepreneur des Décorations, & Dessinateur des Habits, rue du Fauxbourg saint-Denis.*

Bibault, *Aide-Machiniste.*

Delaistre, *Tailleur de l'Opéra, & breveté du Roi pour ses Menus plaisirs, à l'Académie.*

Lécuyer, *Panacher-Plumassier ordinaire du Roi, de l'Opéra & des Comédies, rue de Grenelle saint-Honoré.*

Gallois, *Serrurier pour les Machines, à l'Académie.*

Duplessis, *Contrôleur, quai de l'Ecole.*

Lefevre, 2e. *Contrôleur, à l'entrée, par la Gallerie du Palais Royal.*

Delaporte, *Receveur des Billets, des premieres places, rue saint-Honoré.*

Delaporte, *cadet, Receveur des Billets de Parterre & Paradis, rue saint-Honoré.*

Bertrand, *Receveur au Bureau général, par la Gallerie du Palais Royal.*

Bourque, *Receveur des Supplémens & des Loyers des Loges à l'année, rue Traversiere.*

Aſſelin , *pour recevoir tous les Billets à la grande porte , rue ſaint-Nicaiſe.*

Beaulieu , *pour recevoir tous les Billets à l'entrée du Palais Royal.*

Leloutre , *à l'Amphithéâtre , rue de l'Echelle.*

La Dlle Leloutre ,
La Dlle Brunel , } *aux premieres Loges.*

La Dlle Houbaut,
La Dlle Morizot , } *aux ſecondes Loges.*

La Dlle Bulle ,
La Dlle Brochard ,
Le Sr. Boutellier ,
Le Sr. Pigoreau , } *aux petites Loges ſur le théâtre & aux petites Loges à l'année.*

Chulot , *chargé du ſoin de la Lumiere.*

Larue , *Garçon de Magaſin & de Caiſſe.*

Chambéri , *Suiſſe de l'Académie.*

Méru,
Gibour , } *Portiers gardiens de la Salle.*

Saint-Jean ,
Domaine ,
Wagnier ,
Feron , } *Portiers du Théâtre & Avertiſſeurs.*

PRIX *des Places de l'Opéra.*

Aux premiers Balcons	10 liv.	
A l'Amphithéâtre	7	10 ſ.
Aux ſeconds Balcons	7	10
Aux premieres Loges	7	10
Aux ſecondes Loges	4	
Aux troiſiemes Loges	3	
Au Paradis	2	
Au Parterre	2	

Nota. Pour louer les Loges, il faut s'adreſſer à M. DELAPORTE, Marchand Parfumeur, rue ſaint-Honoré, vis-à-vis les Quinze-vingts.

GARDE DE L'OPÉRA.

La Garde de l'Opéra eſt compoſée de ſoixante hommes du Régiment des Gardes Françoiſes, y compris deux Sergens & quatre Caporaux. Elle eſt commandée par Meſſieurs la Garenne & Deſchamps, Sergens-Majors. Pour les jours de Bal, elle eſt augmentée de quarante hommes.

La Demeure des Acteurs & Actrices ſe trouve dans le Calendrier des Spectacles de Paris, qui ſe diſtribue chez la Veuve DUCHESNE, Libraire, rue Saint-Jacques.

Lu & approuvé le 23 Janvier 1770, MARIN.
Vû l'Approbation, le 24 Janvier 1770, permis d'imprimer,
DE SARTINE.

De l'Imprimerie de la Veuve SIMON & Fils, Imprimeur-Libraires de S. A. S. Monſeigneur le Prince de Condé, rue des Mathurins, 1770.

www.ingramcontent.com/pod-product-compliance
Lightning Source LLC
Chambersburg PA
CBHW061228050726
47594CB00009B/3854